MW01288683

HAPPY PLANNING!

MONTH OF

MONTHLY GOAL 1 ....

WHAT'S GOIN' ON
THIS MONTH

SUNDAY	MONDAY	TUESDAY

STAY PAWS-ITIVE!

MONTHLY GOAL 2 ....

WEDNESDAY	THURSDAY	FRIDAY	CATURDAY

MONTH OF

MONTHLY GOAL 1 ....

	SUNDAY	MONDAY	TUESDAY
WHAT'S GOIN' ON THIS MONTH			

MONTHLY GOAL 2 ....

WEDNESDAY	THURSDAY	FRIDAY	CATURDAY

MONTH OF

MONTHLY GOAL 1 ....

	SUNDAY	MONDAY	TUESDAY
WHAT'S GOIN' ON THIS MONTH			

MONTHLY GOAL 2 ....

WEDNESDAY	THURSDAY	FRIDAY	CATURDAY

TODAY'S CAT-TITUDE

3 GOALS TO PURR-FECTION

_____

_____

_____

SCRATCH PAD

DON'T FUR-GET

_____

_____

_____

_____

_____

_____

DAILY CATNIP | POOP SCOOP | PAWS-ITIVITY

CAT NAP PLAN

6 AM _____

7 AM _____

8 AM _____

9 AM _____

10 AM _____

11 AM _____

12 PM _____

1 PM _____

2 PM _____

3 PM _____

4 PM _____

5 PM _____

6 PM _____

7 PM _____

CATATONIC HOURS _____

DATE _____ S M T W T F S

TODAY'S CAT-TITUDE

3 GOALS TO PURR-FECTION

_____

_____

_____

SCRATCH PAD

DON'T FUR-GET

_____

_____

_____

_____

_____

_____

DAILY CATNIP | POOP SCOOP | PAWS-ITIVITY

NO PRO-CAT-STINATION

6 AM ——————————

7 AM ——————————

8 AM ——————————

9 AM ——————————

10 AM ——————————

11 AM ——————————

12 PM ——————————

1 PM ——————————

2 PM ——————————

3 PM ——————————

4 PM ——————————

5 PM ——————————

6 PM ——————————

7 PM ——————————

CATATONIC HOURS ——————————

DATE   S M T W T F S   CAT NAP PLAN

TODAY'S CAT-TITUDE   6 AM ————————

                                               7 AM ————————
3 GOALS TO PURR-FECTION

_____   8 AM ————————

_____   9 AM ————————

_____
                                               10 AM ————————
SCRATCH PAD

                                               11 AM ————————

                                               12 PM ————————

                                               1 PM ————————

                                               2 PM ————————

DON'T FUR-GET   3 PM ————————

_____   4 PM ————————

_____   5 PM ————————

_____   6 PM ————————

_____
                                               7 PM ————————
DAILY CATNIP | POOP SCOOP | PAWS-ITIVITY

                                               CATATONIC HOURS ————

DATE

S M T W T F S

NO PRO-CAT-STINATION

TODAY'S CAT-TITUDE

3 GOALS TO PURR-FECTION

SCRATCH PAD

DON'T FUR-GET

DAILY CATNIP | POOP SCOOP | PAWS-ITIVITY

6 AM

7 AM

8 AM

9 AM

10 AM

11 AM

12 PM

1 PM

2 PM

3 PM

4 PM

5 PM

6 PM

7 PM

CATATONIC HOURS

DATE _____ S M T W T F S
● ● ● ● ● ● ●

CAT NAP PLAN

TODAY'S CAT-TITUDE

3 GOALS TO PURR-FECTION

_____

_____

_____

SCRATCH PAD

DON'T FUR-GET

_____

_____

_____

_____

_____

_____

DAILY CATNIP | POOP SCOOP | PAWS-ITIVITY

6 AM _____

7 AM _____

8 AM _____

9 AM _____

10 AM _____

11 AM _____

12 PM _____

1 PM _____

2 PM _____

3 PM _____

4 PM _____

5 PM _____

6 PM _____

7 PM _____

CATATONIC HOURS _____

DATE

S M T W T F S

TODAY'S CAT-TITUDE

3 GOALS TO PURR-FECTION

SCRATCH PAD

DON'T FUR-GET

DAILY CATNIP | POOP SCOOP | PAWS-ITIVITY

NO PRO-CAT-STINATION

6 AM

7 AM

8 AM

9 AM

10 AM

11 AM

12 PM

1 PM

2 PM

3 PM

4 PM

5 PM

6 PM

7 PM

CATATONIC HOURS

DATE [   ]   S M T W T F S
● ● ● ● ● ● ●

CAT NAP PLAN

TODAY'S CAT-TITUDE

6 AM ——————

7 AM ——————

3 GOALS TO PURR-FECTION

8 AM ——————

9 AM ——————

SCRATCH PAD

10 AM ——————

11 AM ——————

12 PM ——————

1 PM ——————

2 PM ——————

DON'T FUR-GET

3 PM ——————

4 PM ——————

5 PM ——————

6 PM ——————

DAILY CATNIP | POOP SCOOP | PAWS-ITIVITY

7 PM ——————

CATATONIC HOURS ——————

DATE		S M T W T F S	NO PRO-CAT-STINATION

TODAY'S CAT-TITUDE

3 GOALS TO PURR-FECTION

_____

_____

_____

SCRATCH PAD

DON'T FUR-GET

_____

_____

_____

_____

_____

_____

DAILY CATNIP | POOP SCOOP | PAWS-ITIVITY

6 AM ——————————

7 AM ——————————

8 AM ——————————

9 AM ——————————

10 AM ——————————

11 AM ——————————

12 PM ——————————

1 PM ——————————

2 PM ——————————

3 PM ——————————

4 PM ——————————

5 PM ——————————

6 PM ——————————

7 PM ——————————

CATATONIC HOURS ——————————

DATE [_____] S M T W T F S

TODAY'S CAT-TITUDE

3 GOALS TO PURR-FECTION

_____

_____

_____

SCRATCH PAD

DON'T FUR-GET

_____

_____

_____

_____

_____

_____

DAILY CATNIP | POOP SCOOP | PAWS-ITIVITY

CAT NAP PLAN

6 AM —————————

7 AM —————————

8 AM —————————

9 AM —————————

10 AM ————————

11 AM ————————

12 PM ————————

1 PM —————————

2 PM —————————

3 PM —————————

4 PM —————————

5 PM —————————

6 PM —————————

7 PM —————————

CATATONIC HOURS ————

DATE [   ] S M T W T F S   NO PRO-CAT-STINATION

TODAY'S CAT-TITUDE

6 AM ——————

7 AM ——————

3 GOALS TO PURR-FECTION

8 AM ——————

9 AM ——————

SCRATCH PAD

10 AM ——————

11 AM ——————

12 PM ——————

1 PM ——————

2 PM ——————

DON'T FUR-GET

3 PM ——————

4 PM ——————

5 PM ——————

6 PM ——————

DAILY CATNIP | POOP SCOOP | PAWS-ITIVITY

7 PM ——————

CATATONIC HOURS ——————

DATE _____ S M T W T F S

CAT NAP PLAN

TODAY'S CAT-TITUDE

3 GOALS TO PURR-FECTION

_____

_____

_____

SCRATCH PAD

DON'T FUR-GET

_____

_____

_____

_____

_____

_____

_____

DAILY CATNIP | POOP SCOOP | PAWS-ITIVITY

6 AM _____

7 AM _____

8 AM _____

9 AM _____

10 AM _____

11 AM _____

12 PM _____

1 PM _____

2 PM _____

3 PM _____

4 PM _____

5 PM _____

6 PM _____

7 PM _____

CATATONIC HOURS _____

DATE

S M T W T F S

TODAY'S CAT-TITUDE

3 GOALS TO PURR-FECTION

SCRATCH PAD

DON'T FUR-GET

DAILY CATNIP | POOP SCOOP | PAWS-ITIVITY

6 AM

7 AM

8 AM

9 AM

10 AM

11 AM

12 PM

1 PM

2 PM

3 PM

4 PM

5 PM

6 PM

7 PM

CATATONIC HOURS

DATE [   ] S M T W T F S

TODAY'S CAT-TITUDE

3 GOALS TO PURR-FECTION

_____

_____

_____

SCRATCH PAD

DON'T FUR-GET

_____

_____

_____

_____

_____

DAILY CATNIP | POOP SCOOP | PAWS-ITIVITY

CAT NAP PLAN

6 AM ——————

7 AM ——————

8 AM ——————

9 AM ——————

10 AM ——————

11 AM ——————

12 PM ——————

1 PM ——————

2 PM ——————

3 PM ——————

4 PM ——————

5 PM ——————

6 PM ——————

7 PM ——————

CATATONIC HOURS ——————

DATE

S M T W T F S

TODAY'S CAT-TITUDE

3 GOALS TO PURR-FECTION

_____

_____

_____

SCRATCH PAD

DON'T FUR-GET

_____

_____

_____

_____

_____

_____

DAILY CATNIP | POOP SCOOP | PAWS-ITIVITY

6 AM ——————

7 AM ——————

8 AM ——————

9 AM ——————

10 AM ——————

11 AM ——————

12 PM ——————

1 PM ——————

2 PM ——————

3 PM ——————

4 PM ——————

5 PM ——————

6 PM ——————

7 PM ——————

CATATONIC HOURS ——————

DATE   S M T W T F S

CAT NAP PLAN

TODAY'S CAT-TITUDE

6 AM ————

7 AM ————

3 GOALS TO PURR-FECTION

8 AM ————

9 AM ————

SCRATCH PAD

10 AM ————

11 AM ————

12 PM ————

1 PM ————

2 PM ————

DON'T FUR-GET

3 PM ————

4 PM ————

5 PM ————

6 PM ————

DAILY CATNIP | POOP SCOOP | PAWS-ITIVITY

7 PM ————

CATATONIC HOURS ————

DATE

S M T W T F S

NO PRO-CAT-STINATION

TODAY'S CAT-TITUDE

3 GOALS TO PURR-FECTION

SCRATCH PAD

DON'T FUR-GET

DAILY CATNIP | POOP SCOOP | PAWS-ITIVITY

6 AM ————————

7 AM ————————

8 AM ————————

9 AM ————————

10 AM ————————

11 AM ————————

12 PM ————————

1 PM ————————

2 PM ————————

3 PM ————————

4 PM ————————

5 PM ————————

6 PM ————————

7 PM ————————

CATATONIC HOURS ————————

DATE [＿＿＿＿＿＿] S M T W T F S

CAT NAP PLAN

TODAY'S CAT-TITUDE

3 GOALS TO PURR-FECTION

SCRATCH PAD

DON'T FUR-GET

DAILY CATNIP | POOP SCOOP | PAWS-ITIVITY

6 AM

7 AM

8 AM

9 AM

10 AM

11 AM

12 PM

1 PM

2 PM

3 PM

4 PM

5 PM

6 PM

7 PM

CATATONIC HOURS

DATE | S M T W T F S | NO PRO-CAT-STINATION

TODAY'S CAT-TITUDE

6 AM ────────────

7 AM ────────────

3 GOALS TO PURR-FECTION

8 AM ────────────

9 AM ────────────

SCRATCH PAD

10 AM ────────────

11 AM ────────────

12 PM ────────────

1 PM ────────────

2 PM ────────────

DON'T FUR-GET

3 PM ────────────

4 PM ────────────

5 PM ────────────

6 PM ────────────

7 PM ────────────

DAILY CATNIP | POOP SCOOP | PAWS-ITIVITY

CATATONIC HOURS ────────────

S M T W T F S

CAT NAP PLAN

TODAY'S CAT-TITUDE

6 AM

7 AM

3 GOALS TO PURR-FECTION

8 AM

9 AM

SCRATCH PAD

10 AM

11 AM

12 PM

1 PM

2 PM

DON'T FUR-GET

3 PM

4 PM

5 PM

6 PM

DAILY CATNIP | POOP SCOOP | PAWS-ITIVITY

7 PM

CATATONIC HOURS

DATE | S M T W T F S

NO PRO-CAT-STINATION

TODAY'S CAT-TITUDE

3 GOALS TO PURR-FECTION

_____

_____

_____

SCRATCH PAD

DON'T FUR-GET

_____

_____

_____

_____

_____

_____

DAILY CATNIP | POOP SCOOP | PAWS-ITIVITY

6 AM _____

7 AM _____

8 AM _____

9 AM _____

10 AM _____

11 AM _____

12 PM _____

1 PM _____

2 PM _____

3 PM _____

4 PM _____

5 PM _____

6 PM _____

7 PM _____

CATATONIC HOURS _____

DATE

S M T W T F S

CAT NAP PLAN

TODAY'S CAT-TITUDE

6 AM

7 AM

3 GOALS TO PURR-FECTION

8 AM

9 AM

SCRATCH PAD

10 AM

11 AM

12 PM

1 PM

2 PM

DON'T FUR-GET

3 PM

4 PM

5 PM

6 PM

DAILY CATNIP | POOP SCOOP | PAWS-ITIVITY

7 PM

CATATONIC HOURS

DATE _____ S M T W T F S

TODAY'S CAT-TITUDE

3 GOALS TO PURR-FECTION

_____

_____

_____

SCRATCH PAD

DON'T FUR-GET

_____

_____

_____

_____

_____

_____

DAILY CATNIP | POOP SCOOP | PAWS-ITIVITY

NO PRO-CAT-STINATION

6 AM ——————————

7 AM ——————————

8 AM ——————————

9 AM ——————————

10 AM ——————————

11 AM ——————————

12 PM ——————————

1 PM ——————————

2 PM ——————————

3 PM ——————————

4 PM ——————————

5 PM ——————————

6 PM ——————————

7 PM ——————————

CATATONIC HOURS ——————————

DATE [_____] S M T W T F S

TODAY'S CAT-TITUDE

3 GOALS TO PURR-FECTION

SCRATCH PAD

DON'T FUR-GET

DAILY CATNIP | POOP SCOOP | PAWS-ITIVITY

CAT NAP PLAN

6 AM

7 AM

8 AM

9 AM

10 AM

11 AM

12 PM

1 PM

2 PM

3 PM

4 PM

5 PM

6 PM

7 PM

CATATONIC HOURS

DATE

NO PRO-CAT-STINATION

TODAY'S CAT-TITUDE

3 GOALS TO PURR-FECTION

SCRATCH PAD

DON'T FUR-GET

DAILY CATNIP | POOP SCOOP | PAWS-ITIVITY

6 AM

7 AM

8 AM

9 AM

10 AM

11 AM

12 PM

1 PM

2 PM

3 PM

4 PM

5 PM

6 PM

7 PM

CATATONIC HOURS

DATE _____ S M T W T F S

CAT NAP PLAN

TODAY'S CAT-TITUDE

3 GOALS TO PURR-FECTION

_____

_____

_____

SCRATCH PAD

DON'T FUR-GET

_____

_____

_____

_____

_____

_____

DAILY CATNIP | POOP SCOOP | PAWS-ITIVITY

6 AM ——————————

7 AM ——————————

8 AM ——————————

9 AM ——————————

10 AM ——————————

11 AM ——————————

12 PM ——————————

1 PM ——————————

2 PM ——————————

3 PM ——————————

4 PM ——————————

5 PM ——————————

6 PM ——————————

7 PM ——————————

CATATONIC HOURS ——————————

DATE [   ] **S M T W T F S**
● ● ● ● ● ● ●

TODAY'S CAT-TITUDE

3 GOALS TO PURR-FECTION

_____

_____

_____

SCRATCH PAD

DON'T FUR-GET

_____

_____

_____

_____

_____

_____

DAILY CATNIP | POOP SCOOP | PAWS-ITIVITY

NO PRO-CAT-STINATION

6 AM ——————————

7 AM ——————————

8 AM ——————————

9 AM ——————————

10 AM ——————————

11 AM ——————————

12 PM ——————————

1 PM ——————————

2 PM ——————————

3 PM ——————————

4 PM ——————————

5 PM ——————————

6 PM ——————————

7 PM ——————————

CATATONIC HOURS ——————————

DATE [   ] S M T W T F S

CAT NAP PLAN

TODAY'S CAT-TITUDE

6 AM

7 AM

3 GOALS TO PURR-FECTION

8 AM

9 AM

SCRATCH PAD

10 AM

11 AM

12 PM

1 PM

2 PM

DON'T FUR-GET

3 PM

4 PM

5 PM

6 PM

DAILY CATNIP | POOP SCOOP | PAWS-ITIVITY

7 PM

CATATONIC HOURS

DATE | S M T W T F S | NO PRO-CAT-STINATION

TODAY'S CAT-TITUDE

6 AM

7 AM

3 GOALS TO PURR-FECTION

8 AM

9 AM

SCRATCH PAD

10 AM

11 AM

12 PM

1 PM

2 PM

DON'T FUR-GET

3 PM

4 PM

5 PM

6 PM

DAILY CATNIP | POOP SCOOP | PAWS-ITIVITY

7 PM

CATATONIC HOURS

DATE [ ] S M T W T F S CAT NAP PLAN

TODAY'S CAT-TITUDE

6 AM

7 AM

3 GOALS TO PURR-FECTION

8 AM

9 AM

SCRATCH PAD

10 AM

11 AM

12 PM

1 PM

2 PM

DON'T FUR-GET

3 PM

4 PM

5 PM

6 PM

DAILY CATNIP | POOP SCOOP | PAWS-ITIVITY

7 PM

CATATONIC HOURS

DATE [   ] S M T W T F S

TODAY'S CAT-TITUDE

3 GOALS TO PURR-FECTION

_____

_____

_____

SCRATCH PAD

DON'T FUR-GET

_____

_____

_____

_____

_____

_____

DAILY CATNIP | POOP SCOOP | PAWS-ITIVITY

NO PRO-CAT-STINATION

6 AM ———————————

7 AM ———————————

8 AM ———————————

9 AM ———————————

10 AM ———————————

11 AM ———————————

12 PM ———————————

1 PM ———————————

2 PM ———————————

3 PM ———————————

4 PM ———————————

5 PM ———————————

6 PM ———————————

7 PM ———————————

CATATONIC HOURS ———————————

DATE [   ] S M T W T F S

CAT NAP PLAN

TODAY'S CAT-TITUDE

6 AM

7 AM

3 GOALS TO PURR-FECTION

8 AM

9 AM

SCRATCH PAD

10 AM

11 AM

12 PM

1 PM

2 PM

DON'T FUR-GET

3 PM

4 PM

5 PM

6 PM

DAILY CATNIP | POOP SCOOP | PAWS-ITIVITY

7 PM

CATATONIC HOURS

DATE

S M T W T F S

NO PRO-CAT-STINATION

TODAY'S CAT-TITUDE

6 AM —————

7 AM —————

3 GOALS TO PURR-FECTION

8 AM —————

9 AM —————

SCRATCH PAD

10 AM —————

11 AM —————

12 PM —————

1 PM —————

2 PM —————

DON'T FUR-GET

3 PM —————

4 PM —————

5 PM —————

6 PM —————

7 PM —————

DAILY CATNIP | POOP SCOOP | PAWS-ITIVITY

CATATONIC HOURS —————

DATE [   ] S M T W T F S
● ● ● ● ● ● ●

CAT NAP PLAN

TODAY'S CAT-TITUDE

3 GOALS TO PURR-FECTION

SCRATCH PAD

DON'T FUR-GET

DAILY CATNIP | POOP SCOOP | PAWS-ITIVITY

6 AM ————————

7 AM ————————

8 AM ————————

9 AM ————————

10 AM ————————

11 AM ————————

12 PM ————————

1 PM ————————

2 PM ————————

3 PM ————————

4 PM ————————

5 PM ————————

6 PM ————————

7 PM ————————

CATATONIC HOURS ————

DATE [_____] S M T W T F S   NO PRO-CAT-STINATION

TODAY'S CAT-TITUDE

3 GOALS TO PURR-FECTION

_____

_____

_____

SCRATCH PAD

DON'T FUR-GET

_____

_____

_____

_____

_____

_____

DAILY CATNIP | POOP SCOOP | PAWS-ITIVITY

6 AM ——————

7 AM ——————

8 AM ——————

9 AM ——————

10 AM ——————

11 AM ——————

12 PM ——————

1 PM ——————

2 PM ——————

3 PM ——————

4 PM ——————

5 PM ——————

6 PM ——————

7 PM ——————

CATATONIC HOURS ——————

DATE [   ] S M T W T F S

CAT NAP PLAN

TODAY'S CAT-TITUDE

3 GOALS TO PURR-FECTION

SCRATCH PAD

DON'T FUR-GET

DAILY CATNIP | POOP SCOOP | PAWS-ITIVITY

6 AM

7 AM

8 AM

9 AM

10 AM

11 AM

12 PM

1 PM

2 PM

3 PM

4 PM

5 PM

6 PM

7 PM

CATATONIC HOURS

DATE [   ] S M T W T F S

TODAY'S CAT-TITUDE

3 GOALS TO PURR-FECTION

_____

_____

_____

SCRATCH PAD

DON'T FUR-GET

_____

_____

_____

_____

_____

_____

_____

DAILY CATNIP | POOP SCOOP | PAWS-ITIVITY

6 AM ——————————

7 AM ——————————

8 AM ——————————

9 AM ——————————

10 AM ——————————

11 AM ——————————

12 PM ——————————

1 PM ——————————

2 PM ——————————

3 PM ——————————

4 PM ——————————

5 PM ——————————

6 PM ——————————

7 PM ——————————

CATATONIC HOURS ——————————

DATE [_____] S M T W T F S

TODAY'S CAT-TITUDE

3 GOALS TO PURR-FECTION

_____

_____

_____

SCRATCH PAD

DON'T FUR-GET

_____

_____

_____

_____

_____

_____

DAILY CATNIP | POOP SCOOP | PAWS-ITIVITY

CAT NAP PLAN

6 AM ————————————

7 AM ————————————

8 AM ————————————

9 AM ————————————

10 AM ———————————

11 AM ———————————

12 PM ———————————

1 PM ————————————

2 PM ————————————

3 PM ————————————

4 PM ————————————

5 PM ————————————

6 PM ————————————

7 PM ————————————

CATATONIC HOURS ————

DATE | S M T W T F S

TODAY'S CAT-TITUDE

3 GOALS TO PURR-FECTION

_____

_____

_____

SCRATCH PAD

DON'T FUR-GET

_____

_____

_____

_____

_____

_____

DAILY CATNIP | POOP SCOOP | PAWS-ITIVITY

6 AM

7 AM

8 AM

9 AM

10 AM

11 AM

12 PM

1 PM

2 PM

3 PM

4 PM

5 PM

6 PM

7 PM

CATATONIC HOURS

DATE _____ S M T W T F S
● ● ● ● ● ● ●

CAT NAP PLAN

TODAY'S CAT-TITUDE

6 AM ————————

7 AM ————————

3 GOALS TO PURR-FECTION

8 AM ————————

9 AM ————————

SCRATCH PAD

10 AM ————————

11 AM ————————

12 PM ————————

1 PM ————————

2 PM ————————

DON'T FUR-GET

3 PM ————————

4 PM ————————

5 PM ————————

6 PM ————————

DAILY CATNIP | POOP SCOOP | PAWS-ITIVITY

7 PM ————————

CATATONIC HOURS ————————

DATE

S M T W T F S

NO PRO-CAT-STINATION

TODAY'S CAT-TITUDE

3 GOALS TO PURR-FECTION

SCRATCH PAD

DON'T FUR-GET

DAILY CATNIP | POOP SCOOP | PAWS-ITIVITY

6 AM

7 AM

8 AM

9 AM

10 AM

11 AM

12 PM

1 PM

2 PM

3 PM

4 PM

5 PM

6 PM

7 PM

CATATONIC HOURS

DATE [   ] S M T W T F S

CAT NAP PLAN

TODAY'S CAT-TITUDE

6 AM ————————

7 AM ————————

3 GOALS TO PURR-FECTION

8 AM ————————

9 AM ————————

SCRATCH PAD

10 AM ————————

11 AM ————————

12 PM ————————

1 PM ————————

2 PM ————————

DON'T FUR-GET

3 PM ————————

4 PM ————————

5 PM ————————

6 PM ————————

DAILY CATNIP | POOP SCOOP | PAWS-ITIVITY

7 PM ————————

CATATONIC HOURS ————

DATE [   ] S M T W T F S

NO PRO-CAT-STINATION

TODAY'S CAT-TITUDE

3 GOALS TO PURR-FECTION

_____

_____

_____

SCRATCH PAD

DON'T FUR-GET

_____

_____

_____

_____

_____

_____

DAILY CATNIP | POOP SCOOP | PAWS-ITIVITY

6 AM ——————

7 AM ——————

8 AM ——————

9 AM ——————

10 AM ——————

11 AM ——————

12 PM ——————

1 PM ——————

2 PM ——————

3 PM ——————

4 PM ——————

5 PM ——————

6 PM ——————

7 PM ——————

CATATONIC HOURS ——————

DATE [　　　　] S M T W T F S ● ● ● ● ● ● ●

CAT NAP PLAN

TODAY'S CAT-TITUDE

3 GOALS TO PURR-FECTION

SCRATCH PAD

DON'T FUR-GET

DAILY CATNIP | POOP SCOOP | PAWS-ITIVITY

6 AM

7 AM

8 AM

9 AM

10 AM

11 AM

12 PM

1 PM

2 PM

3 PM

4 PM

5 PM

6 PM

7 PM

CATATONIC HOURS

DATE [   ] S M T W T F S

TODAY'S CAT-TITUDE

3 GOALS TO PURR-FECTION

_____
_____
_____

SCRATCH PAD

DON'T FUR-GET

_____
_____
_____
_____
_____
_____

DAILY CATNIP | POOP SCOOP | PAWS-ITIVITY

NO PRO-CAT-STINATION

6 AM ——————————

7 AM ——————————

8 AM ——————————

9 AM ——————————

10 AM ——————————

11 AM ——————————

12 PM ——————————

1 PM ——————————

2 PM ——————————

3 PM ——————————

4 PM ——————————

5 PM ——————————

6 PM ——————————

7 PM ——————————

CATATONIC HOURS ——————————

DATE [   ] S M T W T F S
● ● ● ● ● ● ●

CAT NAP PLAN

TODAY'S CAT-TITUDE

3 GOALS TO PURR-FECTION

_____

_____

_____

SCRATCH PAD

DON'T FUR-GET

_____

_____

_____

_____

_____

_____

DAILY CATNIP | POOP SCOOP | PAWS-ITIVITY

6 AM ———————————

7 AM ———————————

8 AM ———————————

9 AM ———————————

10 AM ———————————

11 AM ———————————

12 PM ———————————

1 PM ———————————

2 PM ———————————

3 PM ———————————

4 PM ———————————

5 PM ———————————

6 PM ———————————

7 PM ———————————

CATATONIC HOURS ———————

DATE

S M T W T F S
● ● ● ● ● ● ●

TODAY'S CAT-TITUDE

3 GOALS TO PURR-FECTION

_____

_____

_____

SCRATCH PAD

DON'T FUR-GET

_____

_____

_____

_____

_____

_____

DAILY CATNIP | POOP SCOOP | PAWS-ITIVITY

NO PRO-CAT-STINATION

6 AM ——————————

7 AM ——————————

8 AM ——————————

9 AM ——————————

10 AM ——————————

11 AM ——————————

12 PM ——————————

1 PM ——————————

2 PM ——————————

3 PM ——————————

4 PM ——————————

5 PM ——————————

6 PM ——————————

7 PM ——————————

CATATONIC HOURS ——————————

DATE [   ] S M T W T F S

CAT NAP PLAN

TODAY'S CAT-TITUDE

6 AM ———————

7 AM ———————

3 GOALS TO PURR-FECTION

8 AM ———————

9 AM ———————

SCRATCH PAD

10 AM ———————

11 AM ———————

12 PM ———————

1 PM ———————

2 PM ———————

DON'T FUR-GET

3 PM ———————

4 PM ———————

5 PM ———————

6 PM ———————

DAILY CATNIP | POOP SCOOP | PAWS-ITIVITY

7 PM ———————

CATATONIC HOURS ———————

DATE

S M T W T F S

TODAY'S CAT-TITUDE

3 GOALS TO PURR-FECTION

SCRATCH PAD

DON'T FUR-GET

DAILY CATNIP | POOP SCOOP | PAWS-ITIVITY

NO PRO-CAT-STINATION

6 AM

7 AM

8 AM

9 AM

10 AM

11 AM

12 PM

1 PM

2 PM

3 PM

4 PM

5 PM

6 PM

7 PM

CATATONIC HOURS

DATE _____ S M T W T F S

CAT NAP PLAN

6 AM ——————

TODAY'S CAT-TITUDE

7 AM ——————

3 GOALS TO PURR-FECTION

8 AM ——————

_____

9 AM ——————

_____

SCRATCH PAD

10 AM ——————

11 AM ——————

12 PM ——————

1 PM ——————

2 PM ——————

DON'T FUR-GET

3 PM ——————

_____

4 PM ——————

_____

5 PM ——————

_____

6 PM ——————

_____

DAILY CATNIP | POOP SCOOP | PAWS-ITIVITY

7 PM ——————

CATATONIC HOURS ——————

DATE [ ] S M T W T F S

TODAY'S CAT-TITUDE

3 GOALS TO PURR-FECTION

_____

_____

_____

SCRATCH PAD

DON'T FUR-GET

_____

_____

_____

_____

_____

_____

DAILY CATNIP | POOP SCOOP | PAWS-ITIVITY

NO PRO-CAT-STINATION

6 AM ——————————

7 AM ——————————

8 AM ——————————

9 AM ——————————

10 AM ——————————

11 AM ——————————

12 PM ——————————

1 PM ——————————

2 PM ——————————

3 PM ——————————

4 PM ——————————

5 PM ——————————

6 PM ——————————

7 PM ——————————

CATATONIC HOURS ——————————

DATE _____   S M T W T F S   CAT NAP PLAN

TODAY'S CAT-TITUDE

3 GOALS TO PURR-FECTION

_____

_____

_____

SCRATCH PAD

DON'T FUR-GET

_____

_____

_____

_____

_____

_____

DAILY CATNIP | POOP SCOOP | PAWS-ITIVITY

6 AM ——————

7 AM ——————

8 AM ——————

9 AM ——————

10 AM ——————

11 AM ——————

12 PM ——————

1 PM ——————

2 PM ——————

3 PM ——————

4 PM ——————

5 PM ——————

6 PM ——————

7 PM ——————

CATATONIC HOURS ——————

DATE

S M T W T F S
● ● ● ● ● ● ●

NO PRO-CAT-STINATION

TODAY'S CAT-TITUDE

3 GOALS TO PURR-FECTION

SCRATCH PAD

DON'T FUR-GET

DAILY CATNIP | POOP SCOOP | PAWS-ITIVITY

6 AM

7 AM

8 AM

9 AM

10 AM

11 AM

12 PM

1 PM

2 PM

3 PM

4 PM

5 PM

6 PM

7 PM

CATATONIC HOURS

DATE _____ S M T W T F S

CAT NAP PLAN

TODAY'S CAT-TITUDE

6 AM —————

7 AM —————

3 GOALS TO PURR-FECTION

8 AM —————

9 AM —————

SCRATCH PAD

10 AM —————

11 AM —————

12 PM —————

1 PM —————

2 PM —————

DON'T FUR-GET

3 PM —————

4 PM —————

5 PM —————

6 PM —————

DAILY CATNIP | POOP SCOOP | PAWS-ITIVITY

7 PM —————

CATATONIC HOURS —————

DATE [   ] S M T W T F S ● ● ● ● ● ● ●   NO PRO-CAT-STINATION

TODAY'S CAT-TITUDE

3 GOALS TO PURR-FECTION

_____

_____

_____

SCRATCH PAD

DON'T FUR-GET

_____

_____

_____

_____

_____

_____

DAILY CATNIP | POOP SCOOP | PAWS-ITIVITY

6 AM ——————————————

7 AM ——————————————

8 AM ——————————————

9 AM ——————————————

10 AM —————————————

11 AM —————————————

12 PM —————————————

1 PM ——————————————

2 PM ——————————————

3 PM ——————————————

4 PM ——————————————

5 PM ——————————————

6 PM ——————————————

7 PM ——————————————

CATATONIC HOURS —————————

DATE [   ] S M T W T F S   CAT NAP PLAN
● ● ● ● ● ● ●

TODAY'S CAT-TITUDE

6 AM ————————

7 AM ————————

3 GOALS TO PURR-FECTION

_____

8 AM ————————

_____

9 AM ————————

_____

SCRATCH PAD

10 AM ————————

11 AM ————————

12 PM ————————

1 PM ————————

2 PM ————————

DON'T FUR-GET

3 PM ————————

_____

4 PM ————————

_____

5 PM ————————

_____

6 PM ————————

_____

DAILY CATNIP | POOP SCOOP | PAWS-ITIVITY

7 PM ————————

CATATONIC HOURS ————

DATE [   ] S M T W T F S NO PRO-CAT-STINATION

TODAY'S CAT-TITUDE

3 GOALS TO PURR-FECTION

_____

_____

_____

SCRATCH PAD

DON'T FUR-GET

_____

_____

_____

_____

_____

DAILY CATNIP | POOP SCOOP | PAWS-ITIVITY

6 AM _____

7 AM _____

8 AM _____

9 AM _____

10 AM _____

11 AM _____

12 PM _____

1 PM _____

2 PM _____

3 PM _____

4 PM _____

5 PM _____

6 PM _____

7 PM _____

CATATONIC HOURS _____

DATE _____ S M T W T F S

CAT NAP PLAN

TODAY'S CAT-TITUDE

3 GOALS TO PURR-FECTION

_____

_____

_____

SCRATCH PAD

DON'T FUR-GET

_____

_____

_____

_____

_____

DAILY CATNIP | POOP SCOOP | PAWS-ITIVITY

6 AM ——————

7 AM ——————

8 AM ——————

9 AM ——————

10 AM ——————

11 AM ——————

12 PM ——————

1 PM ——————

2 PM ——————

3 PM ——————

4 PM ——————

5 PM ——————

6 PM ——————

7 PM ——————

CATATONIC HOURS ——————

DATE [   ] S M T W T F S ● ● ● ● ● ● ●

NO PRO-CAT-STINATION

TODAY'S CAT-TITUDE

3 GOALS TO PURR-FECTION

_____

_____

_____

SCRATCH PAD

DON'T FUR-GET

_____

_____

_____

_____

_____

_____

_____

DAILY CATNIP | POOP SCOOP | PAWS-ITIVITY

6 AM ———————

7 AM ———————

8 AM ———————

9 AM ———————

10 AM ———————

11 AM ———————

12 PM ———————

1 PM ———————

2 PM ———————

3 PM ———————

4 PM ———————

5 PM ———————

6 PM ———————

7 PM ———————

CATATONIC HOURS ———————

DATE [ ] S M T W T F S

CAT NAP PLAN

TODAY'S CAT-TITUDE

3 GOALS TO PURR-FECTION

SCRATCH PAD

DON'T FUR-GET

DAILY CATNIP | POOP SCOOP | PAWS-ITIVITY

6 AM
7 AM
8 AM
9 AM
10 AM
11 AM
12 PM
1 PM
2 PM
3 PM
4 PM
5 PM
6 PM
7 PM

CATATONIC HOURS

DATE [   ] S M T W T F S   NO PRO-CAT-STINATION

TODAY'S CAT-TITUDE

6 AM ――――――

7 AM ――――――

3 GOALS TO PURR-FECTION

8 AM ――――――

9 AM ――――――

SCRATCH PAD

10 AM ――――――

11 AM ――――――

12 PM ――――――

1 PM ――――――

2 PM ――――――

DON'T FUR-GET

3 PM ――――――

4 PM ――――――

5 PM ――――――

6 PM ――――――

7 PM ――――――

DAILY CATNIP | POOP SCOOP | PAWS-ITIVITY

CATATONIC HOURS ――――――

DATE		S M T W T F S	CAT NAP PLAN

TODAY'S CAT-TITUDE

6 AM

7 AM

3 GOALS TO PURR-FECTION

8 AM

9 AM

SCRATCH PAD

10 AM

11 AM

12 PM

1 PM

2 PM

DON'T FUR-GET

3 PM

4 PM

5 PM

6 PM

DAILY CATNIP | POOP SCOOP | PAWS-ITIVITY

7 PM

CATATONIC HOURS

DATE [ ] S M T W T F S

NO PRO-CAT-STINATION

TODAY'S CAT-TITUDE

3 GOALS TO PURR-FECTION

SCRATCH PAD

DON'T FUR-GET

DAILY CATNIP | POOP SCOOP | PAWS-ITIVITY

6 AM

7 AM

8 AM

9 AM

10 AM

11 AM

12 PM

1 PM

2 PM

3 PM

4 PM

5 PM

6 PM

7 PM

CATATONIC HOURS

DATE

S M T W T F S

CAT NAP PLAN

TODAY'S CAT-TITUDE

6 AM ——————

7 AM ——————

3 GOALS TO PURR-FECTION

8 AM ——————

9 AM ——————

SCRATCH PAD

10 AM ——————

11 AM ——————

12 PM ——————

1 PM ——————

2 PM ——————

DON'T FUR-GET

3 PM ——————

4 PM ——————

5 PM ——————

6 PM ——————

DAILY CATNIP | POOP SCOOP | PAWS-ITIVITY

7 PM ——————

CATATONIC HOURS ——————

DATE | S M T W T F S

TODAY'S CAT-TITUDE

3 GOALS TO PURR-FECTION

SCRATCH PAD

DON'T FUR-GET

DAILY CATNIP | POOP SCOOP | PAWS-ITIVITY

NO PRO-CAT-STINATION

6 AM

7 AM

8 AM

9 AM

10 AM

11 AM

12 PM

1 PM

2 PM

3 PM

4 PM

5 PM

6 PM

7 PM

CATATONIC HOURS

DATE   S M T W T F S

CAT NAP PLAN

TODAY'S CAT-TITUDE

6 AM ——————

7 AM ——————

3 GOALS TO PURR-FECTION

8 AM ——————

9 AM ——————

SCRATCH PAD

10 AM ——————

11 AM ——————

12 PM ——————

1 PM ——————

2 PM ——————

DON'T FUR-GET

3 PM ——————

4 PM ——————

5 PM ——————

6 PM ——————

DAILY CATNIP | POOP SCOOP | PAWS-ITIVITY

7 PM ——————

CATATONIC HOURS ——————

DATE

S M T W T F S
● ● ● ● ● ● ●

NO PRO-CAT-STINATION

TODAY'S CAT-TITUDE

3 GOALS TO PURR-FECTION

SCRATCH PAD

DON'T FUR-GET

DAILY CATNIP | POOP SCOOP | PAWS-ITIVITY

6 AM

7 AM

8 AM

9 AM

10 AM

11 AM

12 PM

1 PM

2 PM

3 PM

4 PM

5 PM

6 PM

7 PM

CATATONIC HOURS

| DATE | S M T W T F S | CAT NAP PLAN |

TODAY'S CAT-TITUDE

6 AM ———————

7 AM ———————

3 GOALS TO PURR-FECTION

_____

8 AM ———————

_____

9 AM ———————

_____

SCRATCH PAD

10 AM ———————

11 AM ———————

12 PM ———————

1 PM ———————

2 PM ———————

DON'T FUR-GET

3 PM ———————

_____

4 PM ———————

_____

5 PM ———————

_____

6 PM ———————

_____

DAILY CATNIP | POOP SCOOP | PAWS-ITIVITY

7 PM ———————

CATATONIC HOURS ———

DATE _____ S M T W T F S

TODAY'S CAT-TITUDE

3 GOALS TO PURR-FECTION

_____

_____

_____

SCRATCH PAD

DON'T FUR-GET

_____

_____

_____

_____

_____

_____

DAILY CATNIP | POOP SCOOP | PAWS-ITIVITY

NO PRO-CAT-STINATION

6 AM _____

7 AM _____

8 AM _____

9 AM _____

10 AM _____

11 AM _____

12 PM _____

1 PM _____

2 PM _____

3 PM _____

4 PM _____

5 PM _____

6 PM _____

7 PM _____

CATATONIC HOURS _____

DATE _____ S M T W T F S

TODAY'S CAT-TITUDE

3 GOALS TO PURR-FECTION

_____

_____

_____

SCRATCH PAD

DON'T FUR-GET

_____

_____

_____

_____

_____

_____

DAILY CATNIP | POOP SCOOP | PAWS-ITIVITY

6 AM _____

7 AM _____

8 AM _____

9 AM _____

10 AM _____

11 AM _____

12 PM _____

1 PM _____

2 PM _____

3 PM _____

4 PM _____

5 PM _____

6 PM _____

7 PM _____

CATATONIC HOURS _____

DATE

S M T W T F S
● ● ● ● ● ● ●

NO PRO-CAT-STINATION

TODAY'S CAT-TITUDE

6 AM ————————————

7 AM ————————————

3 GOALS TO PURR-FECTION

8 AM ————————————

9 AM ————————————

SCRATCH PAD

10 AM ————————————

11 AM ————————————

12 PM ————————————

1 PM ————————————

2 PM ————————————

DON'T FUR-GET

3 PM ————————————

4 PM ————————————

5 PM ————————————

6 PM ————————————

DAILY CATNIP | POOP SCOOP | PAWS-ITIVITY

7 PM ————————————

CATATONIC HOURS ————————————

DATE _____ S M T W T F S

CAT NAP PLAN

TODAY'S CAT-TITUDE

3 GOALS TO PURR-FECTION

SCRATCH PAD

DON'T FUR-GET

DAILY CATNIP | POOP SCOOP | PAWS-ITIVITY

6 AM ——————
7 AM ——————
8 AM ——————
9 AM ——————
10 AM ——————
11 AM ——————
12 PM ——————
1 PM ——————
2 PM ——————
3 PM ——————
4 PM ——————
5 PM ——————
6 PM ——————
7 PM ——————

CATATONIC HOURS ——————

DATE

NO PRO-CAT-STINATION

TODAY'S CAT-TITUDE

6 AM

7 AM

3 GOALS TO PURR-FECTION

8 AM

9 AM

SCRATCH PAD

10 AM

11 AM

12 PM

1 PM

2 PM

DON'T FUR-GET

3 PM

4 PM

5 PM

6 PM

DAILY CATNIP | POOP SCOOP | PAWS-ITIVITY

7 PM

CATATONIC HOURS

CAT NAP PLAN

TODAY'S CAT-TITUDE

3 GOALS TO PURR-FECTION

SCRATCH PAD

DON'T FUR-GET

DAILY CATNIP | POOP SCOOP | PAWS-ITIVITY

6 AM

7 AM

8 AM

9 AM

10 AM

11 AM

12 PM

1 PM

2 PM

3 PM

4 PM

5 PM

6 PM

7 PM

CATATONIC HOURS

DATE [   ] S M T W T F S

TODAY'S CAT-TITUDE

3 GOALS TO PURR-FECTION

_____

_____

_____

SCRATCH PAD

DON'T FUR-GET

_____

_____

_____

_____

_____

_____

DAILY CATNIP | POOP SCOOP | PAWS-ITIVITY

6 AM —————————————

7 AM —————————————

8 AM —————————————

9 AM —————————————

10 AM ————————————

11 AM ————————————

12 PM ————————————

1 PM —————————————

2 PM —————————————

3 PM —————————————

4 PM —————————————

5 PM —————————————

6 PM —————————————

7 PM —————————————

CATATONIC HOURS ————

DATE [_____] S M T W T F S

TODAY'S CAT-TITUDE

3 GOALS TO PURR-FECTION
_____
_____
_____

SCRATCH PAD

DON'T FUR-GET
_____
_____
_____
_____
_____
_____

DAILY CATNIP | POOP SCOOP | PAWS-ITIVITY

CAT NAP PLAN

6 AM ————————

7 AM ————————

8 AM ————————

9 AM ————————

10 AM ————————

11 AM ————————

12 PM ————————

1 PM ————————

2 PM ————————

3 PM ————————

4 PM ————————

5 PM ————————

6 PM ————————

7 PM ————————

CATATONIC HOURS ————

DATE

S M T W T F S
● ● ● ● ● ● ●

NO PRO-CAT-STINATION

TODAY'S CAT-TITUDE

3 GOALS TO PURR-FECTION

SCRATCH PAD

DON'T FUR-GET

DAILY CATNIP | POOP SCOOP | PAWS-ITIVITY

6 AM

7 AM

8 AM

9 AM

10 AM

11 AM

12 PM

1 PM

2 PM

3 PM

4 PM

5 PM

6 PM

7 PM

CATATONIC HOURS

DATE [   ] S M T W T F S   CAT NAP PLAN

TODAY'S CAT-TITUDE

6 AM ——————

7 AM ——————

3 GOALS TO PURR-FECTION

8 AM ——————

9 AM ——————

SCRATCH PAD

10 AM ——————

11 AM ——————

12 PM ——————

1 PM ——————

2 PM ——————

DON'T FUR-GET

3 PM ——————

4 PM ——————

5 PM ——————

6 PM ——————

DAILY CATNIP | POOP SCOOP | PAWS-ITIVITY

7 PM ——————

CATATONIC HOURS ——————

DATE _____ S M T W T F S

TODAY'S CAT-TITUDE

3 GOALS TO PURR-FECTION

_____

_____

_____

SCRATCH PAD

DON'T FUR-GET

_____

_____

_____

_____

_____

_____

DAILY CATNIP | POOP SCOOP | PAWS-ITIVITY

NO PRO-CAT-STINATION

6 AM _____

7 AM _____

8 AM _____

9 AM _____

10 AM _____

11 AM _____

12 PM _____

1 PM _____

2 PM _____

3 PM _____

4 PM _____

5 PM _____

6 PM _____

7 PM _____

CATATONIC HOURS _____

DATE [ ] S M T W T F S

CAT NAP PLAN

TODAY'S CAT-TITUDE

3 GOALS TO PURR-FECTION

SCRATCH PAD

DON'T FUR-GET

DAILY CATNIP | POOP SCOOP | PAWS-ITIVITY

6 AM —————

7 AM —————

8 AM —————

9 AM —————

10 AM —————

11 AM —————

12 PM —————

1 PM —————

2 PM —————

3 PM —————

4 PM —————

5 PM —————

6 PM —————

7 PM

CATATONIC HOURS —————

DATE [ ] S M T W T F S   NO PRO-CAT-STINATION

TODAY'S CAT-TITUDE

6 AM

7 AM

3 GOALS TO PURR-FECTION

8 AM

_____

9 AM

_____

SCRATCH PAD

10 AM

_____

11 AM

12 PM

1 PM

2 PM

DON'T FUR-GET

3 PM

_____

4 PM

_____

5 PM

_____

6 PM

_____

DAILY CATNIP | POOP SCOOP | PAWS-ITIVITY

7 PM

CATATONIC HOURS

DATE		S M T W T F S	CAT NAP PLAN

● ● ● ● ● ● ●

TODAY'S CAT-TITUDE

3 GOALS TO PURR-FECTION

SCRATCH PAD

DON'T FUR-GET

DAILY CATNIP | POOP SCOOP | PAWS-ITIVITY

6 AM

7 AM

8 AM

9 AM

10 AM

11 AM

12 PM

1 PM

2 PM

3 PM

4 PM

5 PM

6 PM

7 PM

CATATONIC HOURS

DATE

TODAY'S CAT-TITUDE

3 GOALS TO PURR-FECTION

_____

_____

_____

SCRATCH PAD

DON'T FUR-GET

_____

_____

_____

_____

_____

_____

DAILY CATNIP | POOP SCOOP | PAWS-ITIVITY

NO PRO-CAT-STINATION

6 AM

7 AM _____

8 AM _____

9 AM _____

10 AM _____

11 AM _____

12 PM _____

1 PM _____

2 PM _____

3 PM _____

4 PM _____

5 PM _____

6 PM _____

7 PM _____

CATATONIC HOURS _____

DATE [   ] S M T W T F S

CAT NAP PLAN

TODAY'S CAT-TITUDE

6 AM ————

7 AM ————

3 GOALS TO PURR-FECTION

8 AM ————

9 AM ————

SCRATCH PAD

10 AM ————

11 AM ————

12 PM ————

1 PM ————

2 PM ————

DON'T FUR-GET

3 PM ————

4 PM ————

5 PM ————

6 PM ————

DAILY CATNIP | POOP SCOOP | PAWS-ITIVITY

7 PM ————

CATATONIC HOURS ————

DATE [   ] S M T W T F S NO PRO-CAT-STINATION
● ● ● ● ● ● ●

TODAY'S CAT-TITUDE

3 GOALS TO PURR-FECTION
_____
_____
_____

SCRATCH PAD

DON'T FUR-GET
_____
_____
_____
_____
_____
_____

DAILY CATNIP | POOP SCOOP | PAWS-ITIVITY

6 AM ————————
7 AM ————————
8 AM ————————
9 AM ————————
10 AM ————————
11 AM ————————
12 PM ————————
1 PM ————————
2 PM ————————
3 PM ————————
4 PM ————————
5 PM ————————
6 PM ————————
7 PM ————————

CATATONIC HOURS ————————

DATE [   ]   S M T W T F S   CAT NAP PLAN

TODAY'S CAT-TITUDE

3 GOALS TO PURR-FECTION

SCRATCH PAD

DON'T FUR-GET

DAILY CATNIP | POOP SCOOP | PAWS-ITIVITY

6 AM ———————

7 AM ———————

8 AM ———————

9 AM ———————

10 AM ———————

11 AM ———————

12 PM ———————

1 PM ———————

2 PM ———————

3 PM ———————

4 PM ———————

5 PM ———————

6 PM ———————

7 PM ———————

CATATONIC HOURS ———

DATE [   ] S M T W T F S NO PRO-CAT-STINATION

TODAY'S CAT-TITUDE

3 GOALS TO PURR-FECTION

_____

_____

_____

SCRATCH PAD

DON'T FUR-GET

_____

_____

_____

_____

_____

_____

DAILY CATNIP | POOP SCOOP | PAWS-ITIVITY

6 AM _____

7 AM _____

8 AM _____

9 AM _____

10 AM _____

11 AM _____

12 PM _____

1 PM _____

2 PM _____

3 PM _____

4 PM _____

5 PM _____

6 PM _____

7 PM _____

CATATONIC HOURS _____

DATE   S M T W T F S
                              ● ● ● ● ● ● ●

TODAY'S CAT-TITUDE

3 GOALS TO PURR-FECTION

SCRATCH PAD

DON'T FUR-GET

DAILY CATNIP | POOP SCOOP | PAWS-ITIVITY

CAT NAP PLAN

6 AM ————————————

7 AM ————————————

8 AM ————————————

9 AM ————————————

10 AM ———————————

11 AM ———————————

12 PM ———————————

1 PM ————————————

2 PM ————————————

3 PM ————————————

4 PM ————————————

5 PM ————————————

6 PM ————————————

7 PM ————————————

CATATONIC HOURS ————

DATE

S M T W T F S

TODAY'S CAT-TITUDE

3 GOALS TO PURR-FECTION

SCRATCH PAD

DON'T FUR-GET

DAILY CATNIP | POOP SCOOP | PAWS-ITIVITY

6 AM

7 AM

8 AM

9 AM

10 AM

11 AM

12 PM

1 PM

2 PM

3 PM

4 PM

5 PM

6 PM

7 PM

CATATONIC HOURS

DATE [   ] S M T W T F S   CAT NAP PLAN

TODAY'S CAT-TITUDE

3 GOALS TO PURR-FECTION

SCRATCH PAD

DON'T FUR-GET

DAILY CATNIP | POOP SCOOP | PAWS-ITIVITY

6 AM ——————

7 AM ——————

8 AM ——————

9 AM ——————

10 AM ——————

11 AM ——————

12 PM ——————

1 PM ——————

2 PM ——————

3 PM ——————

4 PM ——————

5 PM ——————

6 PM ——————

7 PM ——————

CATATONIC HOURS ——————

DATE [   ] S M T W T F S   NO PRO-CAT-STINATION
                   ● ● ● ● ● ● ●

TODAY'S CAT-TITUDE   6 AM ——————

                                     7 AM ——————

3 GOALS TO PURR-FECTION
                                     8 AM ——————
_____
                                     9 AM ——————
_____

_____   10 AM ——————

SCRATCH PAD
                                     11 AM ——————

                                     12 PM ——————

                                     1 PM ——————

                                     2 PM ——————

DON'T FUR-GET   3 PM ——————
_____
                                     4 PM ——————
_____
                                     5 PM ——————
_____

_____   6 PM ——————

_____
                                     7 PM ——————
DAILY CATNIP | POOP SCOOP | PAWS-ITIVITY

                                     CATATONIC HOURS ——————

DATE [   ] S M T W T F S

CAT NAP PLAN

TODAY'S CAT-TITUDE

3 GOALS TO PURR-FECTION

SCRATCH PAD

DON'T FUR-GET

DAILY CATNIP | POOP SCOOP | PAWS-ITIVITY

6 AM

7 AM

8 AM

9 AM

10 AM

11 AM

12 PM

1 PM

2 PM

3 PM

4 PM

5 PM

6 PM

7 PM

CATATONIC HOURS

DATE [   ] S M T W T F S NO PRO-CAT-STINATION

TODAY'S CAT-TITUDE

3 GOALS TO PURR-FECTION

_____

_____

_____

SCRATCH PAD

DON'T FUR-GET

_____

_____

_____

_____

_____

_____

DAILY CATNIP | POOP SCOOP | PAWS-ITIVITY

6 AM _____

7 AM _____

8 AM _____

9 AM _____

10 AM _____

11 AM _____

12 PM _____

1 PM _____

2 PM _____

3 PM _____

4 PM _____

5 PM _____

6 PM _____

7 PM _____

CATATONIC HOURS _____

Made in the
USA
Columbia, SC